IL ETAIT UNE FOIS

Three Classic Stories to Help Children Learn French

Retold in French by
FRANÇOISE SAVIGNY

Designed and illustrated by
MARGRIT FIDDLE

PASSPORT BOOKS
a division of *NTC Publishing Group*
Lincolnwood, Illinois USA

Published by Passport Books, a division of NTC Publishing Group.
© 1989, 1985, 1970 by NTC Publishing Group, 4255 West Touhy Avenue,
Lincolnwood (Chicago), Illinois 60646-1975 U.S.A.
Printed in Hong Kong.

890 WKT 9 8 7 6

Contents
Table des matières

The Little Red Hen   1
La Petite Poule rouge

Goldilocks and the Three Bears   25
Boucle-d'ór et les trois ours

The Boy and His Burro   59
L'Ane et le petit garçon

Vocabulary   87
Vocabulaire

To the children:

This picture book has stories that people from all over the world have been telling and reading for a long time. You have probably heard them all in English, but each time someone tells them, they change a little bit. They are old, but new at the same time.

These stories are especially for English-speaking children who are learning French, and they give you a chance to use the French you are learning in a fun way. You will enjoy the tales of "The Little Red Hen," "The Three Bears," and "The Boy and His Burro" written for you in French, and you will see how they change when they are told in another language.

LA PETITE POULE ROUGE

La petite poule rouge et ses poussins
habitent une ferme.
Un chat orange,
un chien noir et blanc
et un cochon rose
habitent aussi à la ferme.
Un jour la petite poule rouge et ses poussins jaunes
se promènent. Ils cherchent à manger.
Un poussin voit des grains de blé.

–Qu'est-ce que c'est? dit le poussin.

–Ce sont des grains de blé, dit la petite poule.

Je veux planter les grains de blé.

Voyons, qui veut m'aider?

– Pas moi, dit le chat orange,
               je dors.

–Pas moi, dit le chien noir et blanc,
je dors.

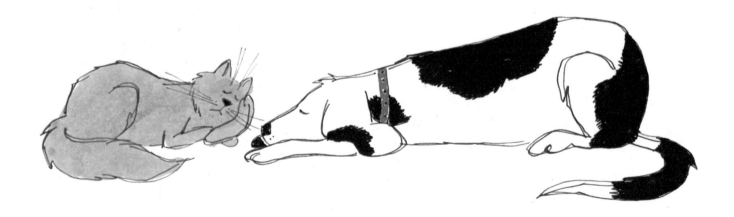

– Pas moi, dit le cochon rose, je dors.
– Bon, dit la petite poule rouge,
je vais planter les grains de blé
moi-même.

Et elle les plante.

Le blé pousse . . . et pousse . . . et pousse.

Un jour la petite poule rouge dit,
– Voyons,
qui va couper
le blé ?

– Pas moi, dit le chat orange,
je veux jouer.
– Pas moi, dit le chien noir et blanc,
je veux jouer aussi.

– Pas moi, dit le cochon rose,
je vais jouer.
– Bon, dit la petite poule rouge,
je vais couper le blé
moi-même.

Et elle le coupe.
Bientôt le blé est prêt à moudre.

La petite poule rouge
regarde les animaux
et dit,
– Voyons, qui veut moudre le blé?

– Pas moi, dit le chat orange,
je n'aime pas travailler.
– Pas moi, dit le chien noir et blanc,
je n'aime pas travailler.

– Pas moi, dit le cochon rose,
je n'aime pas travailler non plus.
– Bon, dit la petite poule rouge,
je vais moudre le blé
moi-même.

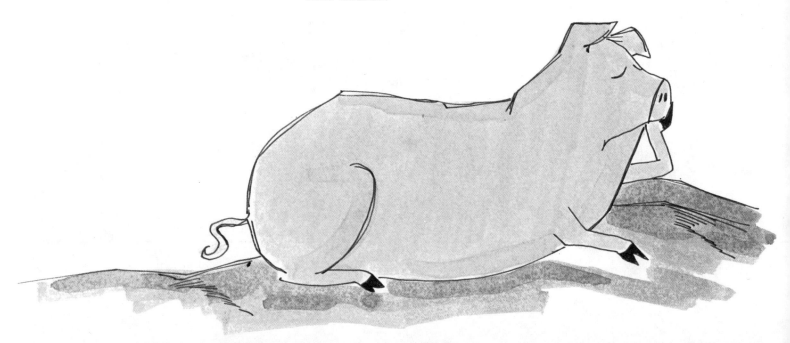

Et elle le moud.

Maintenant la petite poule rouge
est prête à faire le pain.
– Voyons, dit elle,
qui veut m'aider à faire le pain?

– Pas moi, dit le chat orange,
je vais me promener.
– Pas moi, dit le chien noir et blanc,
je vais me promener.

– Pas moi, dit le cochon rose,
je vais me promener aussi.
– Bon, dit la petite poule rouge,
je vais faire le pain
moi-même.

Et elle le fait.
Peu après, le pain est prêt
à être mangé.

Le chat, le chien et le cochon arrivent.
Ils disent:
– L'odeur de ce pain est délicieuse!
– Merci beaucoup, dit la petite poule rouge.
Maintenant qui veut m'aider à manger le pain?

– Moi!
dit le chat orange.
– Moi! moi!
dit le chien noir et blanc.

– Moi! moi! moi!
dit le cochon rose.
Mais la petite poule dit,
– Non mes amis, non.
Vous ne voulez jamais m'aider,
Vous ne voulez jamais travailler,
 Le pain est pour mes poussins et pour moi.

La petite poule rouge et ses poussins mangent le pain.

Les paresseux ne mangent rien.

BOUCLE-D'OR ET
LES TROIS OURS

Voici l'histoire des trois ours.

Le grand ours, c'est le papa

L'ourse moyenne, c'est la maman

et le petit ours, c'est le garçon.

Les trois ours habitent
une maison
au centre d'un bois.

Dans la maison il y a une table.
Sur la table il y a trois assiettes.
Une grande assiette pour le grand ours
Une assiette moyenne pour l'ourse moyenne
et une petite assiette pour le petit ours.

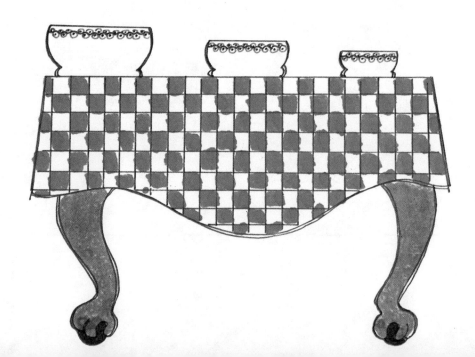

Un jour, maman-ourse
prépare la soupe
pour la famille.
Mais la soupe est très chaude.
On ne peut pas manger
la soupe.

Pour cette raison
papa-ours dit :
– Allons nous promener dans le bois.
Les trois ours sortent de la maison
et vont se promener
dans le bois.

Près du bois habite
une petite fille.
Elle s'appelle
Boucle-d'or
parce qu'elle a
des cheveux longs
et beaux et couleur d'or.
Un jour Boucle-d'or
va se promener trop loin
de chez elle.

Après beaucoup de temps
elle arrive à la maison
des trois ours.
La porte est ouverte.
Boucle-d'or est fatiguée.
Elle entre dans la maison.

Boucle-d'or a faim et elle voit
trois assiettes de soupe sur la table.
Elle pense :
Je vais goûter la soupe.

Elle prend la grande cuillère
et elle goûte la soupe de la grande assiette.
Elle est très chaude !

Elle prend la cuillère moyenne
et goûte la soupe de l'assiette moyenne.
Elle est froide!

Alors elle goûte la soupe
de la petite assiette.
Elle est bonne !
Boucle-d'or aime beaucoup ça.
Elle mange toute la soupe !

Après,
Boucle-d'or veut s'asseoir
et voit trois fauteuils.
Elle s'assoit
dans le grand fauteuil,
mais il est trop dur.

Elle s'assoit
dans le fauteuil moyen,
mais il est trop mou.

Elle s'assoit
dans le petit fauteuil.
Il est très confortable,
mais BOUM!
le fauteuil se casse!
Oh! là! là!
quel malheur!

Maintenant Boucle-d'or est très fatiguée.
Elle entre dans la chambre des trois ours.
Dans la chambre il y a trois lits.

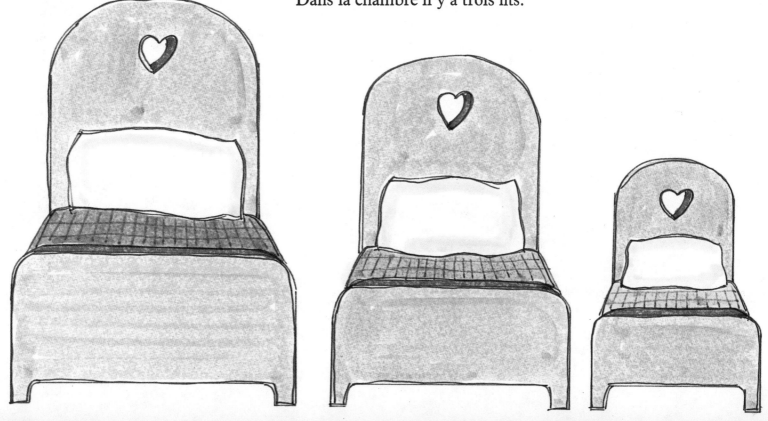

Elle se couche sur le grand lit et dit :
– Ce lit est trop dur !

Elle se couche sur le lit moyen et dit :
- Ce lit est trop mou !

Alors elle se couche sur le petit lit et dit:
– Ce lit me plaît beaucoup.
Il est très confortable.
Et elle s'endort.

Les trois ours arrivent
à la maison.
Le grand ours crie très fort:
– QUI A GOÛTÉ MA SOUPE?

L'ourse moyenne dit :
– Qui a goûté ma soupe ?

Et le petit ours pleure :
– Quelqu'un a mangé toute ma soupe !

Le grand ours
regarde son fauteuil
et dit :
– QUELQU'UN ÉTAIT
ASSIS
DANS MON FAUTEUIL !

L'ourse moyenne
regarde son fauteuil
et dit :
– Quelqu'un était assis aussi
dans mon fauteuil !

Le petit ours
regarde son fauteuil
et pleure:
– Quelqu'un était assis dans mon fauteuil!
Il est cassé!

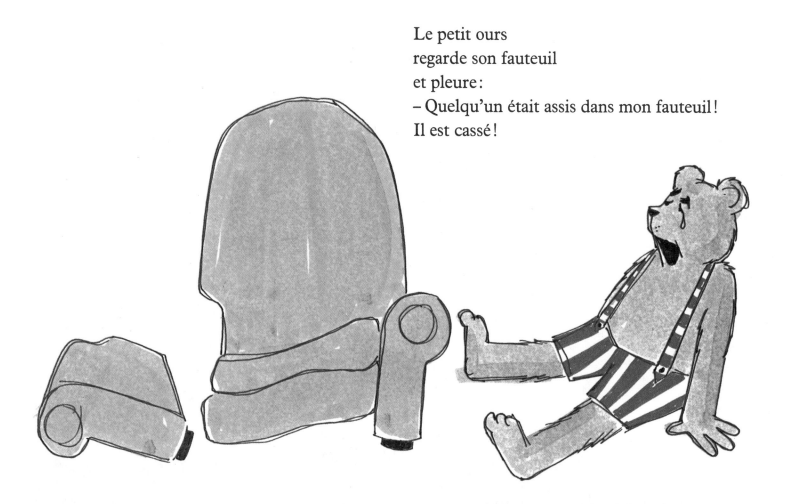

Le grand ours dit :
– CHERCHONS CETTE PERSONNE.

52

Il va dans la chambre
et regarde son lit.
– QUELQU'UN ÉTAIT COUCHÉ SUR MON LIT!
crie très fort
le grand ours.

L'ourse moyenne
regarde son lit
et dit de sa voix moyenne:
– Quelqu'un était couché aussi sur mon lit!

Et le petit ours crie:
– Oh! dans . . . dans mon lit il y a une petite fille!

Boucle-d'or ouvre les yeux.
Elle se lève.
Elle a très peur.
Elle sort de la chambre . . .
par la fenêtre!
Elle court jusqu'au chemin.

Boucle-d'or court, court
et crie très fort:
– Maman! maman!

Elle arrive à sa maison
et dit à sa maman:
– Je n'irai plus *jamais* à la maison
des trois ours!

Les trois ours mangent la soupe.
Ils s'assoient dans leurs fauteuils.
Ils se couchent sur leurs lits
et ils sont très contents.

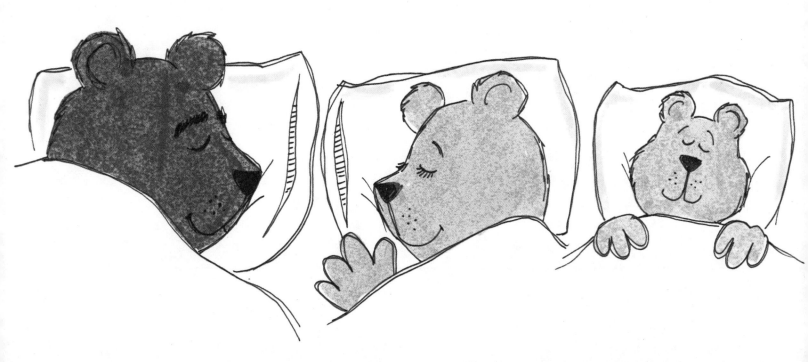

L'ANE ET LE PETIT GARÇON

Dans un village très loin d'ici
Il y a un petit garçon et son âne.
Tous les jours le petit garçon va avec son âne
dans le bois en haut des montagnes.

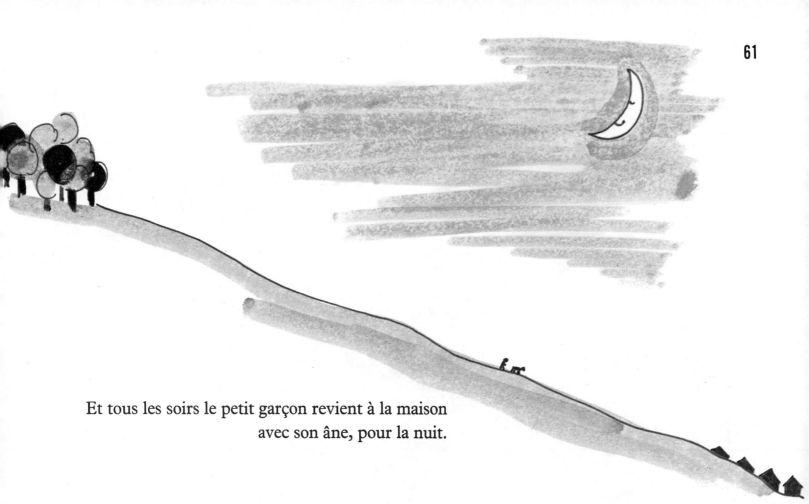

Et tous les soirs le petit garçon revient à la maison
avec son âne, pour la nuit.

Un soir, l'âne ne veut pas
aller à la maison.
Le pauvre petit garçon lui dit :
– Viens, l'âne, viens !
Viens à la maison !
Mais l'âne ne bouge pas.
Il aime le bois.
Il ne veut pas aller
à la maison.

La nuit vient et le petit garçon est très fatigué.
Il a aussi très faim.
Il veut aller à la maison
mais l'âne ne veut pas.
Alors le petit garçon s'assoit
et commence à pleurer.
Il pleure, il pleure, il est triste
et il a très faim.
Il dit : – Que vont penser mes parents ?

Un lapin vient près du petit garçon.
Il lui demande:
– Pourquoi pleures-tu?
Le petit garçon répond:
– Je pleure parce que je suis très
fatigué, parce que j'ai faim
et parce que mon âne
ne veut pas
aller à la maison.

– Oh! quel malheur! dit le lapin.
Mais ne pleure pas petit garçon,
je vais parler à ton âne.
Et le lapin dit à l'âne:
– Va, l'âne, va à la maison!
Il le dit plusieurs fois:
– Va! va à la maison!
Mais l'âne ne veut pas.

Alors le lapin s'assoit près du petit garçon
et commence à pleurer lui aussi.

Peu de temps après,
le renard arrive.
Il dit:
– Qu'y a-t-il lapin?
Pourquoi pleures-tu?

Le lapin dit :
– Je pleure parce que le petit garçon pleure.
Le petit garçon pleure parce qu'il est fatigué,
parce qu'il a faim et parce que
son âne ne veut pas
aller à la maison.

– Oh! quel malheur!
dit le renard.
Mais ne pleure pas,
je vais parler à l'âne.

– Eh! l'âne, va, va à la maison!
crie le renard.
Il crie encore une fois très fort:
– Va! va! va à la maison, l'âne!
Mais l'âne ne veut pas.

Alors le renard s'assoit près du lapin
et commence à pleurer lui aussi.

Un peu plus tard,
le loup vient.
Il les regarde tous les trois
et demande au renard :
– Pourquoi pleures-tu ?

Le renard répond:
– Je pleure parce que le lapin pleure,
et le lapin pleure parce que
le petit garçon pleure,
et le petit garçon pleure
parce qu'il est fatigué,
parce qu'il a faim
et parce que son âne
ne veut pas aller
à la maison.

– Oh! quel malheur!
mais ne pleure pas,
dit le loup,
je vais parler à l'âne.

Et le loup dit très fort :
– Je suis le loup !
je vais te manger.
Va, l'âne, va !
va à la maison !
et vite !
Mais l'âne ne veut pas.

– Alors, dit le loup,
moi aussi je vais pleurer.
Il s'assoit à coté du renard
et commence à pleurer.

Tous les quatre pleurent. Ils font beaucoup de bruit.
Mais l'âne n'écoute pas.
Il ne veut pas aller à la maison
et il n'y va pas.

Alors une abeille arrive.
– Quel bruit! dit-elle
et elle met ses pattes sur ses oreilles.
Elle demande au loup:
– Pourquoi pleures-tu?

– Je pleure parce que le renard pleure
et le renard pleure
parce que le lapin pleure
et le lapin pleure
parce que le petit garçon pleure.
Le petit garçon est fatigué,
il a très faim
et son âne ne veut pas
aller à la maison.

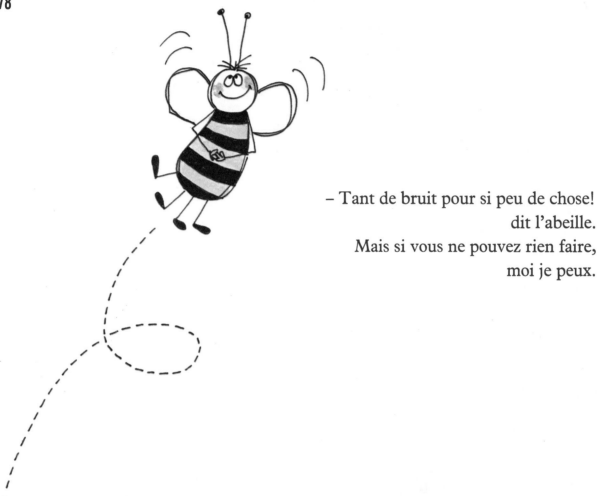

– Tant de bruit pour si peu de chose!
dit l'abeille.
Mais si vous ne pouvez rien faire,
moi je peux.

Alors le loup, le renard, le lapin
et le petit garçon rient.
Ils disent : – Que peux-tu faire ?
tu es si petite !

– Je suis le loup
et je ne peux rien faire,
dit le loup.

– Je suis le renard
et je ne peux rien faire,
dit le renard.

– Je suis le lapin
et je ne peux rien faire,
dit le lapin.

– Je suis le petit garçon,
le maître de l'âne,
et je ne peux rien faire,
dit le petit garçon.

– Que peux-tu faire, toi? demandent-ils.

–Vous allez voir, dit l'abeille.
Elle vole près de l'âne et bourdonne:
– Bzzz! bzzz! bzzz!

L'âne la regarde et l'écoute,
mais il ne bouge pas.
Alors l'abeille bourdonne dans l'oreille de l'âne :
– Bzzz! bzzz! bzzz!

Et elle le pique!
Alors l'âne crie:
– Aïe! aïe! aïe! . . . J'y vais! j'y vais! . . .

Et l'âne commence à courir.
L'abeille le suit
et l'âne court jusqu'à la maison.
Le petit garçon court aussi,
il est très content.

Et, dans le bois, le loup, le renard
et le lapin se regardent, très surpris.

VOCABULAIRE

a

une **abeille** – bee
  aider – to help
  aimer – to like
    j'aime – I like
  aller – to go
    allons – let's go
    vous allez voir – you will see
  alors – then
un **âne** – donkey
les **animaux** – animals
  appeler (s') – to be named
    elle s'appelle – she is named
  après – after
  arriver – to arrive
    elle arrive – she arrives
    Ils arrivent – they arrive
s' **asseoir** – to sit down
    elle s'assoit – she sits down
    ils s'assoient – they sit down
  assis – seated

assiette – plate
au (à le) – to the
aussi – too
avec – with
avoir – to have
  elle a – she has

b

beau – beautiful
beaucoup – very much
bientôt – soon
blanc – white
le **blé** – the wheat
le **bois** – forest
bon(ne) – good
Boucle-d'or – Goldilocks
bourdonner – to buzz
  elle bourdonne – she buzzes
bouger – to move
  il bouge – he moves
le **bruit** – noise

c

ça – that
casser (se) – to break
  il se casse – it breaks
ce, cet, cette – this, that
la **chambre** – room
le **chat** – cat
chaud – hot
le **chemin** – path
chercher – to look for
  ils cherchent – they are looking for
  cherchons – let's look for
chez – at home
le **chien** – dog
la **chose** – thing
le **cochon** – pig
commencer – to begin
  il commence – he begins
complètement – completely
content – happy
coucher (se) – to go to bed

elle se couche – she goes to bed
ils se couchent – they go to bed
couché – lying
la **couleur** – color
couper – to cut
elle coupe – she cuts
courir – to run
elle court – she runs
crier – to scream
il crie – he screams
la **cuillère** – spoon

d

dans – in
délicieux – delicious
dire – to say
elle dit – she says
ils disent – they say
dormir – to sleep
je dors – I am sleeping

du, de la, des – of the
dur – hard

e

écouter – to listen
il écoute – he listens
endormir (s') – to fall asleep
elle s'endort – she falls asleep
entrer – to come in
et – and
être – to be
elle est – she is
c'est – it is
était – was

f

la **faim** – hunger
la **famille** – family
faire – to make

elle fait – she makes
ils font – they make
fatigué – tired
le **fauteuil** – armchair
la **fenêtre** – window
la **ferme** – farm
la **fille** – girl
une **fois** – one time
fort – strong
froid(e) – cold

g

le **garçon** – boy
grand – big, tall
goûter – to taste
elle goûte – she tastes
qui a goûté – who has tasted

h

habiter – to live in

elle habite – she lives in
ils habitent – they live in
haut – high
une **histoire** – story

i

ils – they
j' **irai** – I will go
il ya – there is

j

jamais – never
jaune – yellow
jouer – to play
le **jour** – day
jusque – until

l

le **lapin** – rabbit
le, la, les – the
leurs – their
lever (se) – to get up
elle se lève – she gets up
le **lit** – bed
loin – far
long – long
le **loup** – wolf
lui – him

m

maintenant – now
mais – but
la **maison** – house
le **maître** – master
la **maman** – mother, mama
manger – to eat

ils mangent – they eat
mangé – eaten
merci – thank you
mettre – to put
elle met – she puts
moi-même – myself
mon, ma, mes – mine
la **montagne** – mountain
moudre – to grind
elle moud – she grinds
moyen(ne) – medium

n

noir – black
non – no
non plus – neither
la **nuit** – night

o

une **odeur** – odor

on ne peut pas – one cannot
l' **or** – gold
orange – orange
une **oreille** – ear
l' **ours(e)** – bear
ouvert(e) – open
ouvrir – to open
  elle ouvre – she opens

p

le **pain** – bread
le **papa** – father, papa
par – by
parce que – because
paresseux – lazy
parler – to talk
pas moi – not I
la **patte** – leg
pauvre – poor
penser – to think
  elle pense – she thinks
la **personne** – person

petit(e) – little
peu après – little while later
la **peur** – fear
piquer – to sting
  elle pique – she stings
plaire – to please
  il plaît – it pleases
planter – to plant
  elle plante – she plants
pleurer – to cry
  il pleure – he is crying
  tu pleures – you are crying
plusieurs – several
la **porte** – door
la **poule** – hen
pour – for
pourquoi – why
pousser – to grow
  il pousse – it grows
le **poussin** – chick
pouvoir – to be able to; can
  on peut – one is able to
  je peux – I can
prendre – to take
  elle prend – she takes

préparer – to prepare
  elle prépare – she prepares
près de – near
promener (se) – to take a walk
  ils se promènent – they take
   a walk
prêt(e) – ready

q

quel bruit – what a noise
quel malheur – what a pity
qu'est-ce que c'est – what is
quelqu'un – somebody
qui – who
qu'y a-t-il – what is the matter

r

la **raison** – reason
regarder – to look at
  ils se regardent – they look
   at each other

le **renard** – fox
  répondre – to answer
    il répond – he answers
  rester – to stay
  revenir – to come back
    il revient – he comes back
  rien – nothing
  rire – laugh
    ils rient – they laugh
  rouge – red

s

  si – if
  si peu – so little
le **soir** – evening
  son, sa, ses – his, her, their
ils sont – they are
  sortir – to go out
    ils sortent – they go out
    elle sort – she goes out
je suis – I am

suivre – to follow
  il suit – he follows
sur – on
surpris – surprised

t

  tant – so much
le **temps** – time
  ton, ta, tes – your
  tous – all, every
  tout(e) – all
  travailler – to work
  très – very
  triste – sad
  trois – three
  trop – too much

u

  une – one, a

v

  elle va – she is going

  je vais – I am going
  venir – to come
    il vient – he comes
    viens – come
  vite – quick
  voici – there is
  voler – to fly
  voir – to see
    il voit – he sees
la **voix** – voice
    ils vont – they are going
  vouloir – to want
    je veux – I want
    elle veut – she wants
    vous voulez – you want
  voyons – let's see

y

  y – there
les **yeux** – eyes